Edition 350

Juan Gelman

Dibaxu Debajo
Darunter

Aus dem Sephardischen ins Spanische
von Juan Gelman

Aus dem Sephardischen und Spanischen
von Tobias Burghardt

Edition 350
im Verlag der Kooperative Dürnau

Originaltitel:
«Dibaxu» (1994)

Zweite Auflage 2000
Edition 350
im Verlag der Kooperative Dürnau, D-88422 Dürnau

Titelzeichnung und Illustration von Juana Burghardt
Herstellung: Kooperative Dürnau
ISBN 3-88861-112-1

A Aurora Bernárdez

Quien además me introdujo
en la poesía de Clarisse
Nikoïdski, diáfana como un fuego.

Für Aurora Bernárdez

Die mich zudem in die Poesie
von Clarisse Nikoïdski einführte,
diaphan wie ein Feuer.

Escolio

Escribí los poemas de *dibaxu* en sefardí, de 1983 a 1985. Soy de origen judío, pero no sefardí, y supongo que eso algo tuvo que ver con el asunto. Pienso, sin embargo, que estos poemas sobre todo son la culminación o más bien el desemboque de *Citas* y *Comentarios*, dos libros que compuse en pleno exilio, en 1978 y 1979, y cuyos textos dialogan con el castellano del siglo XVI. Como si buscar el sustrato de ese castellano, sustrato a su vez del nuestro, hubiera sido mi obsesión. Como si la soledad extrema del exilio me empujara a buscar raíces en la lengua, las más profundas y exiliadas de la lengua. Yo tampoco me lo explico.

El acceso a poemas como los de Clarisse Nikoïdski, novelista en francés y poeta en sefardí, desvelaron esa necesidad que en mí dormía, sorda, dispuesta a despertar. ¿Qué necesidad? ¿Por qué dormía? ¿Por qué sorda? En cambio, sé que la sintaxis sefardí me devolvió un candor perdido y sus diminutivos, una ternura de otros tiempos que está viva y, por eso, llena de consuelo. Quizás este libro apenas sea una reflexión sobre el lenguaje desde su lugar más calcinado, la poesía.

Acompaño los textos en castellano actual no por desconfianza en la inteligencia del lector. A quien ruego que los lea en voz alta en un castellano y en el otro para escuchar, tal vez, entre los dos sondios, algo del tiempo que tiembla y que nos da pasado desde el Cid.

Scholie

Ich schrieb von 1983 bis 1985 die Gedichte «Dibaxu» im sephardischen Altspanisch. Meine jüdischen Vorfahren sind keine Sephardim, doch ich vermute, daß dies hiermit etwas zu tun hatte. Ich denke, daß die Gedichte vor allem der Höhepunkt oder gar der Ausläufer von «Citas» und «Comentarios» sind, zwei Bücher, die ich im Exil - 1978 und 1979 - schrieb und deren Texte mit dem Altspanischen des 16. Jahrhunderts im Dialog stehen. Als wäre die Suche nach dem Substrat dieses Spanischen, das gleichzeitig das Substrat unserer Sprache ist, meine Obsession gewesen. Als hätte die äußerste Einsamkeit des Exils mich zu den Wurzeln in der Sprache gedrängt, die tiefsten und verbanntesten der Sprache. Ich kann es mir auch nicht erklären.

Der Zugang zu Gedichten wie von Clarisse Nikoïdski, Romanautorin in Französisch und Poetin in Sephardisch, weckten diese Notwendigkeit, die in mir schlief, taub, bereit zu erwachen. Welche Notwendigkeit? Warum schlief sie? Weshalb taub? Hingegen weiß ich, daß die sephardische Syntax mir eine verlorene Reinheit und ihre Diminutive zurückgab, eine Zärtlichkeit anderer Zeiten, die lebendig ist und deshalb voller Trost. Vielleicht ist dieses Buch beinahe eine Betrachtung über die Sprache von ihrem brennendsten Ort aus, der Poesie.

Ich begleite die Texte im heutigen Spanisch nicht aus Mißtrauen gegenüber der Intelligenz der Leser. Ihn bitte ich, daß er sie laut lese, in einem Spanisch und in dem anderen, um vielleicht zwischen den beiden Klängen etwas von jener Zeit zu hören, die erzittert und uns Vergangenheit seit dem Cid schenkt.

I

il batideru di mis bezus/
quero dizer: il batideru di mis bezus
si sintirá in tu pasadu
cun mí in tu vinu/

avrindo la puarta dil tiempu/
tu sueniu
dexa cayer yuvia durmida/
dámila tu yuvia/

mi quedarí/quietu
in tu yuvia di sueniu/
londji nil pinser/
sin spantu/sin sulvidu/

nila caza dil tiempu
sta il pasadu/
dibaxu di tu piede/
qui balia/

I

el temblor de mis labios/
quiero decir: el temblor de mis besos
se oirá en tu pasado
conmigo en tu vino/

abriendo la puerta del tiempo/
tu sueño
deja caer lluvia dormida/
dame tu lluvia/

me detendré/quieto
en tu lluvia de sueño/
lejos en el pensar/
sin temor/sin olvido/

en la casa del tiempo
está el pasado/
debajo de tu pie/
que baila/

I

das Zittern meiner Lippen/
ich möchte sagen: das Zittern meiner Küsse
wird man in deiner Vergangenheit hören
mit mir in deinem Wein/

die Tür der Zeit öffnend/
läßt dein Traum
schlafenden Regen fallen/
gib mir deinen Regen/

ich werde innehalten/leise
in deinem Regen aus Traum/
fern in Gedanken/
ohne Angst/ohne Vergessen/

im Haus der Zeit
befindet sich die Vergangenheit/
unter deinem Fuß/
der tanzt/

II

¿óndi sta la yave di tu curasón?/
il páxaru qui pasara es malu/
a mí no dixera nada/
a mí dexara timblandu/

¿óndi sta tu curasón agora?/
un árvuli di spantu balia/
no más tengu ojus cun fanbre
y un djaru sin agua/

dibaxu dil cantu sta la boz/
dibaxu di la boz sta la folya
qu'il árvuli dexara
cayer di mi boca/

II

¿dónde está la llave de tu corazón?/
el pájaro que pasó es malo/
a mí no me dijo nada/
a mí me dejó temblando/

¿dónde está tu corazón ahora?/
un árbol de espanto baila/
no tengo más que ojos con hambre
y un jarro sin agua/

debajo del canto está la voz/
debajo de la voz está la hoja
que el árbol dejó
caer de mi boca/

II

wo ist der Schlüssel deines Herzens?/
der Vogel der vorüberflog ist böse/
zu mir sagte er nichts/
er ließ mich erzittern/

wo ist jetzt dein Herz?/
ein Baum aus Schrecken tanzt/
ich habe nur hungrige Augen
und einen Krug ohne Wasser/

unter dem Sang ist die Stimme/
unter der Stimme ist das Blatt
das der Baum fallen
ließ von meinem Mund/

III

l'amaniana arrelumbra a lus páxarus/
sta aviarta/teni friscura/
la biviremus djuntu
cun il spantu dil pinser/

quirinsioza:
cayenta lu pasadu/
diz bezus y lus bezus dispartarán/
cayeremos serca dil sol/

lembrara tu nagüita curilada/
tus floris curiladas/
tus bezus curiladus/
tu blancu curasón/

III

la mañana hace brillar a los pájaros/
está abierta/tiene frescura/
la beberemos junto
con el espanto del pensar/

querendona:
calienta lo pasado/
di besos y los besos despertarán/
caeremos cerca del sol/

recordé tus enaguas coloradas/
tus flores coloradas/
tus besos colorados/
tu blanco corazón/

III

der Morgen läßt die Vögel leuchten/
ist offen/hat Frische/
wir trinken ihn gemeinsam
mit dem Schrecken des Gedankens/

Geliebte:
erwärme das Vergangene/
sag Küsse und die Küsse werden erwachen/
wir werden nahe der Sonne fallen/

ich erinnerte deinen roten Unterrock/
deine roten Blumen/
deine roten Küsse/
dein weißes Herz/

IV

abáxati/si queris/veyi/
si queris/il páxaru
qui vola in mi boz
atan chitiu/

por il páxaru pasa un caminu
qui va a tus ojus/
aspira tu manu/
ay yerva ondi no stas/

durmi todu/
il páxaru/la boz/
il caminu/la yerva
qui amaniana viniera/

IV

agáchate/si quieres/mira/
si quieres/el pájaro
que vuela en mi voz/
tan chico/

por el pájaro pasa un camino
que va a tus ojos/
espera tu mano/
hay hierba donde no estás/

todo duerme/
el pájaro/la voz/
el camino/la hierba
que mañana vino/

IV

bück dich/wenn du möchtest/schau/
wenn du möchtest/der Vogel
der in meiner Stimme fliegt/
ist ganz klein/

durch den Vogel führt ein Weg
der zu deinen Augen geht/
auf deine Hand wartet/
es gibt Gras wo du nicht bist/

alles schläft/
der Vogel/die Stimme/
der Weg/das Gras
das morgen kam/

V

quí lindus tus ojus/
il mirar di tus ojus más/
y más il airi di tu mirar londji/
nil airi stuvi buscandu:

la lampa di tu sangri/
sangri di tu solombra/
tu solombra
sovri mi curasón/

V

qué lindos tus ojos/
y más la mirada de tus ojos/
y más el aire de tus ojos cuando lejos miras/
en el aire estuve buscando:

la lámpara de tu sangre/
sangre de tu sombra/
tu sombra
sobre mi corazón/

V

wie schön sind deine Augen/
und mehr noch der Blick deiner Augen/
und mehr noch die Luft deiner Augen
                    wenn du in die Weite schaust/
in der Luft habe ich gesucht:

die Lampe deines Bluts/
Blut deines Schattens/
dein Schatten
auf meinem Herz/

VI

folyas curiladas y verdis/
folyas secas/folyas friscas/
cayin di tu boz/
durmidas/

durmin dibaxu dil sol/
dibaxu di vos/
veyi cómu aspiran
qu'il spantu si amati/

il sol senti cayer
tus folyas/qui
timblan nila nochi qui
insiende il bosco/

VI

hojas coloradas y verdes/
hojas secas/hojas frescas/
caen de tu voz/
dormidas/

duermen debajo del sol/
debajo tuyo/
mira cómo esperan
que el espanto se apague/

el sol oye caer
tus hojas/que
tiemblan en la noche que
enciende el bosque/

VI

grüne und rote Blätter/
trockene Blätter/frische Blätter/
fallen von deiner Stimme/
schläfrig/

schlafen unter der Sonne/
unter dir/
sieh wie sie darauf warten
daß der Schrecken aufhört/

die Sonne hört deine
Blätter fallen/ wie sie
zittern in der Nacht die
den Wald entzündet/

VII

la calor qui distruyi al pinser
si distruyi pinsendu/
la luz timbla
in tus bezus/y

queda al caminu/queda
al tiempu/londji/avri
lus bezus/dexa
yerva nil curasón quimadu/

si dispartara la yuvia
di un páxaru
qui aspira al mar
nil mar/

VII

el calor que destruye al pensar
se destruye pensando/
la luz tiembla
en tus besos/y

detiene al camino/detiene
al tiempo/lejos/abre
los besos/deja
hierba en el corazón quemado/

se despertó la lluvia
de un pájaro
que espera al mar
en el mar/

VII

die Wärme die das Denken zerstört
zerstört sich denkend/
das Licht zittert
in deinen Küssen/und

hält den Weg an/hält
die Zeit an/fern/öffnet sie
die Küsse/hinterläßt
Gras im verbrannten Herz/

es erwachte der Regen
eines Vogels
der das Meer erwartet
im Meer/

VIII

nil 'amaniana aviarta
in tus ojus abagan
lus animalis qui ti quimaran
adientru dil sueniu/

nunca dizin nada/
mi dexan sinizas/y
solu
cun il sol/

VIII

en la mañana abierta
lentamente por tus ojos pasan
los animales que te quemaron
adentro del sueño/

nunca dicen nada/
me dejan cenizas/y
solo
con el sol/

VIII

am offenen Morgen
ziehen langsam durch deine Augen
die Tiere die dich verbrannten
mitten im Traum/

nie sagen sie etwas/
lassen mir Asche zurück/und
mich allein
mit der Sonne/

IX

tu piede
pisa la nochi/suavi/
avri la yuvia/
avri il día/

la muerte no savi nada di vos/
tu piede teni yerva dibaxu
y una solombra qui scrivi
il mar/

IX

tu pie
pisa la noche/leve/
abre la lluvia/
abre el día/

la muerte nada sabe de vos/
tu pie tiene hierba debajo
y una sombra que escribe
el mar/

IX

dein Fuß
berührt die Nacht/leise/
setzt der Regen ein/
beginnt der Tag/

der Tod weiß nichts von dir/
unter deinem Fuß klebt Gras
und ein Schatten den
das Meer schreibt/

X

dizis avlas cun árvulis/
tenin folyas qui cantan
y páxarus
qui djuntan sol/

tu silenziu
disparta
lus gritus
dil mundu/

X

dices palabras con árboles/
tienen hojas que cantan
y pájaros
que juntan sol/

tu silencio
despierta
los gritos
del mundo/

X

du sagst Wörter mit Bäumen/
sie haben Blätter die singen
und Vögel
die Sonne sammeln/

deine Stille
weckt
die Schreie
der Welt/

XI

partindu di tu ladu
discuvro
il nuevu mundu
di tu ladu/

tus islas comu lampas
cun una escuridad/
yendu/viniendu/
nil tiempu/

in tu boz
il mar cayi
duluridu
di mí/

XI

partiendo de tu lado
descubro
el nuevo mundo
de tu lado/

tus islas como lámparas
con una oscuridad/
yendo/viniendo/
en el tiempo/

en tu voz
el mar cae
dolorido
de mí/

XI

von deiner Seite ausgehend
entdecke ich
die neue Welt
deiner Seite/

deine Inseln wie Lampen
mit einer Dunkelheit/
gehend/kommend/
in der Zeit/

in deine Stimme
fällt das Meer
traurig
von mir/

XII

lu qui a mí dates
es avla qui timbla
nila manu dil tiempu
aviarta para bever/

cayada
sta la caza
ondi nus bezamus
adientru dil sol/

XII

lo que me diste
es palabra que tiembla
en la mano del tiempo
abierta para beber/

callada
está la casa
donde nos besamos
adentro del sol/

XII

was du mir gegeben hast
ist Sprache die zittert
in der Hand der Zeit
offen zum Trinken/

still
ist das Haus
in dem wir uns küßten
inmitten der Sonne/

XIII

eris
mi única avla/
no sé
tu nombri/

XIII

eres
mi única palabra/
no sé
tu nombre/

XIII

du bist
mein einziges Wort/
ich weiß nicht
deinen Namen/

XIV

lu qui avlas
dexa cayer
un páxaru
qui li soy nidu/

il páxaru caya
adientru di mí/
veyi
lu qui faze di mí/

XIV

lo que hablas
deja caer
un pájaro
que le soy nido/

el pájaro calla
en mí/
mira
lo que hace de mí/

XIV

was du sprichst
läßt
einen Vogel fallen
für den ich Nest bin/

der Vogel schweigt
in mir/
schaut
was er aus mir macht/

XV

tu boz sta escura
di bezus qui a mí no dieras/
di bezus qui a mí no das/
la nochi es polvu dest'ixiliu/

tus bezus inculgan lunas
qui yelan mi caminu/y
timblu
dibaxu dil sol/

XV

tu voz está oscura
de besos que no me diste/
de besos que no me das/
la noche es polvo de este exilio/

tus besos cuelgan lunas
que hielan mi camino/y
tiemblo
debajo del sol/

XV

deine Stimme ist dunkel
von Küssen die du mir nicht gabst/
von Küssen die du mir nicht gibst/
die Nacht ist Staub dieses Exils/

deine Küsse behängen Monde
die meinen Weg gefrieren/und
ich zittere
unter der Sonne/

XVI

cuando mi aya muridu
sintiré entudavía
il batideru
di tu saia nil vienti/

uno qui liyera istus versus
prieguntara: «¿cómu ansí?/
¿quí sintirás? ¿quí batideru?/
¿quí saia?/¿quí vienti?»/

li dixí qui cayara/
qui si sintara a la mesa cun mí/
qui biviera mi vinu/
qui scriviera istus versus:

«cuando mi aya muridu
sintiré entudavía
il batideru
di tu saia nil vienti»/

XVI

cuando esté muerto
oiré todavía
el temblor
de tu saya en el viento/

alguien que leyó estos versos
preguntó: «¿cómo así?/
¿qué oirás? ¿qué temblor?/
¿qué saya?/¿qué viento?»/

le dije que callara/
que se sentara a mi mesa/
que bebiera mi vino/
que escribiera estos versos:

«cuando esté muerto
oiré todavía
el temblor
de tu saya en el viento»/

XVI

wenn ich gestorben bin
werde ich noch
das Erzittern
deines Saums im Wind hören/

jemand der diese Verse las
fragte: «wie das?/
was wirst du hören? welches Erzittern?/
welcher Saum?/was für ein Wind?»/

ich bat ihn er möge schweigen/
sich mit mir an den Tisch setzen/
meinen Wein trinken/
und diese Verse schreiben:

«wenn ich gestorben bin
werde ich noch
das Erzittern
deines Saums im Wind hören»/

XVII

un vienti di separadus/
di bezus qui no mus diéramus/
acama il trigu di tu ventre/
sus asusenas cun sol/

veni/
o querré no aver nasidu/
trayi tu agua clara/
las ramas floreserán/

mira istu:
soy un niniu rompidu/
timblu nila nochi
qui cayi di mí/

XVII

un viento de separados/
de besos que no nos dimos/
doblega al trigo de tu vientre/
sus azucenas con sol/

ven/
o querré no haber nacido/
trae tu agua clara/
las ramas florecerán/

mira esto:
soy un niño roto/
tiemblo en la noche
que cae de mí/

XVII

ein Wind von Getrennten/
von Küssen die wir uns nicht gaben/
biegt den Weizen deines Bauches/
seine sonnigen Lilien/

komm/
oder ich wollte nicht geboren sein/
bring dein klares Wasser/
die Zweige werden erblühen/

sieh nur:
ich bin ein zerbrochenes Kind/
ich zittere in der Nacht
die von mir fällt/

XVIII

todu lu qui terra yaman
es tiempu/
es aspira di vos/

XVIII

todo lo que llaman tierra
es tiempo/
es espera de vos/

XVIII

alles was sie Erde nennen
ist Zeit/
ist Warten auf dich/

XIX

quirinsioza:
no ti vayas d'aquí/
di mi granu di arena/
desti minutu/

cuando stamus djuntus
il fuegu cayi
sovri las ruinas
dil sol/

XIX

querendona:
no te vayas de aquí/
de mi grano de arena/
de este minuto/

cuando estamos juntos
el fuego cae
sobre las ruinas
del sol/

XIX

Geliebte:
geh nicht weg von hier/
von meinem Sandkorn/
von dieser Minute/

wenn wir zusammen sind
fällt das Feuer
auf die Trümmer
der Sonne/

XX

no tenis puarta/yave/
no tenis sirradura/
volas di noche/
volas di día/

lu amadu cría lu qui si amará/
comu vos/yave/
timblandu
nila puarta dil tiempu/

XX

no tienes puerta/llave/
no tienes cerradura/
vuelas de noche/
vuelas de día/

lo amado crea lo que se amará/
como tú/llave/
temblando
en la puerta del tiempo/

XX

du hast keine Tür/keinen Schlüssel/
du hast kein Schloß/
du fliegst bei Nacht/
du fliegst bei Tag/

das Geliebte erschafft was geliebt wird/
wie du/Schlüssel/
zitternd
in der Tür der Zeit/

XXI

sintí tu boz in mi vintana/
mi vintana no da a tu boz/
apenas si da al mundu/
¿cómu viniera tu boz?/

un páxaru nivadu
comi trigu
nil murmurio
dil sol/

XXI

oí tu voz en mi ventana/
mi ventana no da a tu voz/
apenas si da al mundo/
¿cómo vino tu voz?/

un pájaro nevado
come trigo
en el murmullo
del sol/

XXI

ich vernahm deine Stimme an meinem Fenster/
mein Fenster geht nicht zu deiner Stimme/
es geht gerade ein wenig zur Welt/
wie kam deine Stimme?/

ein verschneiter Vogel
pickt Körner
im Gemurmel
der Sonne/

XXII

nila nochi
tu ventre queda astrus/
respira comu terra/
tu ventre es terra/

nil trigu di tu ventre
volan páxarus
qui cantan
in lu qui va a venir/

XXII

en la noche
tu vientre detiene astros/
respira como tierra/
tu vientre es tierra/

en el trigo de tu vientre
vuelan pájaros
que cantan
en lo que va a venir/

XXII

in der Nacht
hält dein Bauch Sterne auf/
atmet wie Erde/
dein Bauch ist Erde/

im Weizen deines Bauches
fliegen Vögel
die singen
im Künftigen/

XXIII

in tu candor
sali il mundu dil mundu/
ista dicha es siega/
mi pisa com'un buey/

XXIII

en tu candor
sale el mundo del mundo/
esta dicha es ciega/
me pisa como un buey/

XXIII

in deiner Arglosigkeit
geht die Welt aus der Welt/
dieses Glück ist blind/
und tritt mich wie ein Ochse/

XXIV

amarti es istu:
un avla qui va a dizer/
un arvulicu sin folyas
qui da solombra/

XXIV

amarte es esto:
una palabra que está por decir/
un arbolito sin hojas
que da sombra/

XXIV

dich lieben ist dies:
ein Wort das gerade gesagt wird/
ein kleiner Baum ohne Blätter
der Schatten wirft/

XXV

ista yuvia di vos
dexa cayer pidazus di tiempu/
pidazus d'infinitu/
pidazus di nus mesmos/

¿es por isu qui stamus
sin caza ni memoria?/
¿djuntus nil pinser?/
¿comu cuerpus al sol?/

XXV

tu lluvia
deja caer pedazos de tiempo/
pedazos de infinito/
pedazos de nosotros/

¿por eso estamos
sin casa ni memoria?/
¿juntos en el pensar?/
¿como cuerpos al sol?/

XXV

dein Regen
läßt Bruchstücke der Zeit fallen/
Bruchstücke des Unendlichen/
Bruchstücke von uns selber/

sind wir etwa deshalb
ohne Haus noch Erinnern?/
verbunden im Denken?/
wie Körper zur Sonne?/

XXVI

il diseu es un animal
todu vistidu di fuegu/
teni patas atan largas
qui yegan al sulvidu/

agora pinsu
qui un paxaricu in tu boz
arrastra
la caza dil otonio/

XXVI

el deseo es un animal
todo vestido de fuego/
tiene patas tan largas
que llegan al olvido/

ahora pienso
que un pajarito en tu voz
arrastra
la casa del otoño/

XXVI

das Verlangen ist ein Tier
ganz in Feuer gekleidet/
es hat sehr lange Beine
die ins Vergessen reichen/

jetzt denke ich
daß ein kleiner Vogel in deiner Stimme
das Haus des Herbstes
mit sich nimmt/

XXVII

mirandu il manzanu
vidi mi amor/
crese/
no dize por quí/

no dize nada/
il manzanu
comu astrus
arde/

XXVII

mirando el manzano
vi a mi amor/
crece/
no dice por qué/

no dice nada/
el manzano
como astros
arde/

XXVII

den Apfelbaum betrachtend
sah ich meine Liebe/
sie wächst/
sagt nicht warum/

sagt nichts/
der Apfelbaum
glüht
wie die Sterne/

XXVIII

¿cómu ti yamas?/
soy un siegu sintadu
nil atriu di mi diseu/
méndigu tiempu/

río di pena/
yoro d'aligría/
¿quí avla ti dezirá?/
¿quí nombri ti nombrará?/

XXVIII

¿cómo te llamas?/
soy un ciego sentado
en el atrio de mi deseo/
mendigo tiempo/

río de pena/
lloro de alegría/
¿qué palabra te dirá?/
¿qué nombre te nombrará?/

XXVIII

wie heißt du?/
ich bin ein Blinder am Boden
im Vorhof meines Verlangens/
und bitte inständig um Zeit/

ich lache vor Leid/
weine vor Freude/
welches Wort wird dich sagen?/
welcher Name dich nennen?/

XXIX

no stan muridus lus páxarus
di nuestrus bezus/
stan muridus lus bezus/
lus páxarus volan nil verdi sulvidar/

pondrí mi spantu londji/
dibaxu dil pasadu/
qui arde
cayadu com'il sol/

XXIX

no están muertos los pájaros
de nuestros besos/
están muertos los besos/
los pájaros vuelan en el verde olvidar/

pondré mi espanto lejos/
debajo del pasado/
que arde
callado como el sol/

XXIX

nicht gestorben sind die Vögel
unserer Küsse/
gestorben sind die Küsse/
die Vögel fliegen ins grüne Vergessen/

ich werde meinen Schrecken in die Ferne legen/
unter die Vergangenheit/
die glüht
schweigsam wie die Sonne/

Inhalt

Escolio 6
Scholie 7

I
il batideru di mis bezus/ 8
el temblor de mis labios/ 9
das Zittern meiner Lippen/ 10
II
¿óndi sta la yave di tu curasón?/ 11
¿dónde está la llave de tu corazón?/ 12
wo ist der Schlüssel deines Herzens?/ 13
III
l'amaniana arrelumbra a lus páxarus/ 14
la mañana hace brillar a los pájaros/ 15
der Morgen läßt die Vögel leuchten/ 16
IV
abáxati/si queris/veyi/ 17
agáchate/si quieres/mira/ 18
bück dich/wenn du möchtest/schau/ 19
V
quí lindus tus ojus/ 20
qué lindos tus ojos/ 20
wie schön sind deine Augen/ 21
VI
folyas curiladas y verdis/ 22
hojas coloradas y verdes/ 23
grüne und rote Blätter/ 24

VII
la calor qui destruyi al pinser 25
el calor que destruye al pensar 26
die Wärme die das Denken zerstört 27
VIII
nil 'amaniana aviarta 28
en la mañana abierta 28
am offenen Morgen 29
IX
tu piede 30
tu pie 30
dein Fuß 31
X
dizis avlas cun árvulis/ 32
dices palabras con árboles/ 32
du sagst Wörter mit Bäumen/ 33
XI
partindu di tu ladu 34
partiendo de tu lado 35
von deiner Seite ausgehend 36
XII
lu qui a mí dates 38
lo que me diste 38
was du mir gegeben hast 39
XIII
eris 40
eres 40
du bist 41
XIV
lu qui avlas 42
lo que hablas 42
was du sprichst 43

XV
tu boz sta escura 44
tu voz está oscura 44
deine Stimme ist dunkel 45
XVI
cuando mi aya muridu 46
cuando esté muerto 47
wenn ich gestorben bin 48
XVII
un vienti di separadus/ 49
un viento de separados/ 50
ein Wind von Getrennten/ 51
XVIII
todu lu qui terra yaman 52
todo lo que llaman tierra 52
alles was sie Erde nennen 53
XIX
quirinsioza: 54
querendona: 54
Geliebte: 55
XX
no tenis puarta/yave/ 56
no tienes puerta/llave/ 56
du hast keine Tür/keinen Schlüssel/ 57
XXI
sintí tu boz in mi vintana/ 58
oí tu voz en mi ventana/ 58
ich vernahm deine Stimme an meinem Fenster/ 59
XXII
nila nochi 60
en la noche 60
in der Nacht 61

XXIII
in tu candor 62
en tu candor 62
in deiner Arglosigkeit 63
XXIV
amarti es istu: 64
amarte es esto: 64
dich lieben ist dies: 65
XXV
ista yuvia di vos 66
tu lluvia 66
dein Regen 67
XXVI
il diseu es un animal 68
el deseo es un animal 68
das Verlangen ist ein Tier 69
XXVII
mirandu il manzanu 70
mirando el manzano 70
den Apfelbaum betrachtend 71
XXVIII
¿cómu ti yamas?/ 72
¿cómo te llamas?/ 72
wie heißt du?/ 73
XXIX
no stan muridus lus páxarus 74
no están muertos los pájaros 74
nicht gestorben sind die Vögel 75

Juan Gelman wurde am 3. Mai 1930 in Buenos Aires im Schoß einer ukrainisch-jüdischen Migrantenfamilie geboren. Nach der Schulzeit war er als Lastwagenfahrer, Übersetzer, Büroangestellter und Journalist tätig, schrieb seine ersten Gedichte und gehörte zu den linksperonistischen «Montoneros». Er erhielt von der «Antikommunistischen Allianz Argentiniens» (Triple A) Todesdrohungen, weshalb er 1975 ins europäische Exil nach Italien und Frankreich ging. Die letzte Militärdiktatur (1976-1983) entführte am 24. August 1976 seinen Sohn Marcelo Ariel und seine Schwiegertochter María Claudia García Irureta Goyena de Gelman, die - im siebten Monat schwanger - nach Uruguay verschleppt wurde. Beide wurden ermordet; das Enkelkind von uruguayischen Militärs geraubt und einer kinderlosen Polizistenfamilie übergeben. Gegen die staatsterroristischen Verbrechen führt er juristische Anklage in Madrid und Buenos Aires. Seit 1988 konnte er wieder nach Argentinien zurückkehren und lebt seit 1989 in Mexiko-Stadt. 1996 erhielt er den argentinischen Staatspreis für Poesie und zählt zu den großen lateinamerikanischen Dichtern. Nach einer weltweiten Solidaritätsbewegung wurde am 31. März 2000 seine Enkeltochter in Montevideo gefunden. Das «Dossier Juan Gelman» der Zeitschrift «laufschrift», Nr. 9 (2000), dokumentiert den Fall. Er erhielt den bedeutendsten Literaturpreis Lateinamerikas, den «Premio Juan Rulfo 2000».

«Das vielleicht Bewundernswerteste an der Poesie von Juan Gelman ist seine schier unvorstellbare Zärtlichkeit dort, wo der äußerst heftige Ausbruch von Ablehnung und Anklage gerechtfertigt wäre, seine Invokation so vieler Schatten in einer Stimme, die besänftigt und beschwichtigt, ein fortwährendes Streicheln der Wörter über unbekannte Grabstätten.»

Julio Cortázar